全国人民代表大会常务委

中华人民共和国
全国人民代表大会和地方
各级人民代表大会代表法

（最新修正本）

中国民主法制出版社

图书在版编目（CIP）数据

中华人民共和国全国人民代表大会和地方各级人民代表大会代表法：最新修正本/全国人大常委会办公厅供稿 . —北京：中国民主法制出版社，2025.3. —ISBN 978-7-5162-3884-4

Ⅰ . D921. 11

中国国家版本馆 CIP 数据核字第 20259ZT837 号

书名/中华人民共和国全国人民代表大会和地方各级人民代表大会代表法

出版·发行/中国民主法制出版社
地址/北京市丰台区右安门外玉林里 7 号 （100069）
电话/（010）63055259（总编室）　　63058068　63057714（营销中心）
传真/（010）63055259
http：//www. npcpub. com
E-mail：mzfz@ npcpub. com
经销/新华书店
开本/32 开　850 毫米 ×1168 毫米
印张/2　　字数/33 千字
版本/2025 年 3 月第 1 版　2025 年 6 月第 8 次印刷
印刷/廊坊市金虹宇印务有限公司

书号/ISBN 978-7-5162-3884-4
定价/8. 00 元
出版声明/版权所有，侵权必究。

目　　录

中华人民共和国主席令

第四十五号

《全国人民代表大会关于修改〈中华人民共和国全国人民代表大会和地方各级人民代表大会代表法〉的决定》已由中华人民共和国第十四届全国人民代表大会第三次会议于 2025 年 3 月 11 日通过，现予公布，自 2025 年 3 月 12 日起施行。

中华人民共和国主席　习近平
2025 年 3 月 11 日

全国人民代表大会关于修改《中华人民共和国全国人民代表大会和地方各级人民代表大会代表法》的决定

（2025 年 3 月 11 日第十四届全国人民代表大会第三次会议通过）

第十四届全国人民代表大会第三次会议决定对《中华人民共和国全国人民代表大会和地方各级人民代表大会代表法》作如下修改：

一、将第二条修改为："全国人民代表大会和地方各级人民代表大会代表依照法律规定选举产生。

"全国人民代表大会代表是最高国家权力机关组成人员，地方各级人民代表大会代表是地方各级国家权力机关组成人员。

"全国人民代表大会和地方各级人民代表大会代表每届任期五年，从每届本级人民代表大会举行第一次会议开始，到下届本级人民代表大会举行第一次会议为止。"

二、将第二条第三款单作一条，作为第三条，修改为："全国人民代表大会和地方各级人民代表大会代表应当坚持中国共产党的领导，坚持以马克思列宁主义、毛泽东思想、邓小平理论、'三个代表'重要思想、科学发展观、习近平新时代中国特色社会主义思想为指导，坚定不移走中国特色社会主义政治发展道路，依照宪法和法律赋予本级人民代表大会的各项职权，遵循民主集中制原则，参加行使国家权力。"

三、增加三条，作为第四条、第五条和第六条："第四条　全国人民代表大会和地方各级人民代表大会代表应当以坚持好、完善好、运行好人民代表大会制度为己任，做到政治坚定、服务人民、尊崇法治、发扬民主、勤勉尽责，为各级人民代表大会及其常务委员会建设自觉坚持中国共产党领导的政治机关、保证人民当家作主的国家权力机关、全面担负宪法法律赋予的各项职责的工作机关、始终同人民群众保持密切联系的代表机关而积极履职。

"第五条　全国人民代表大会和地方各级人民代表大会代表应当坚持以人民为中心，践行全过程人民民主，始终同人民群众保持密切联系，忠实代表人民的利益和意志，自觉接受人民监督。

"第六条　全国人民代表大会和地方各级人民代表大会代表应当忠于宪法，弘扬宪法精神，维护宪法权威，维护社会主义法制的统一和尊严，为推进全面依法治国、建设更高水平的社会主义法治国家贡献力量。"

四、将第三条改为第七条，增加一项，作为第六项："（六）参加本级人民代表大会闭会期间统一组织的履职活动"。

第六项改为第七项，修改为："（七）获得依法履职所需的信息资料和各项保障"。

五、将第四条改为第八条，第二项修改为："（二）按时出席本级人民代表大会会议，认真审议各项议案、报告和其他议题，发表意见，参加选举和表决，遵守会议纪律，做好会议期间的各项工作"。

增加一项，作为第三项："（三）带头宣传贯彻本级人民代表大会会议精神"。

第四项改为第五项，修改为："（五）加强履职学习和调查研究，不断提高履职能力"。

第六项改为第七项，修改为："（七）带头践行社会主义核心价值观，铸牢中华民族共同体意识，自觉遵守社会公德，廉洁自律，公道正派，勤勉尽责"。

六、增加两条，作为第十一条、第十二条："第十一条　县级以上的各级人民代表大会常务委员会和乡、民族乡、镇的人民代表大会主席团应当密切同代表的联系，丰富代表联系人民群众的内容和形式，加强代表工作能力建设，支持和保障代表依法履职，充分发挥代表作用。

"各级人民政府、监察委员会、人民法院、人民检察院应当加强同代表的联系，听取代表的意见和建议，加强和改进各方面工作。

"第十二条 县级以上的各级人民代表大会常务委员会设立代表工作委员会，作为常务委员会的工作机构。"

七、将第七条改为第十三条，第二款修改为："代表在出席本级人民代表大会会议前，应当通过多种方式听取人民群众的意见和要求，根据安排认真研读拟提请会议审议的议案和报告，为会议期间执行代表职务做好准备。"

八、将第八条改为第十四条，增加一款，作为第一款："县级以上的各级人民代表大会代表按照选举单位、行政区域等组成代表团。乡、民族乡、镇的人民代表大会代表根据实际需要，可以组成代表团。"

第一款改为第二款，修改为："代表根据大会主席团、代表团的组织和安排，参加大会全体会议、代表团全体会议、小组会议，审议列入会议议程的各项议案、报告和其他议题。"

九、将第十一条改为第十七条，在第二款中的"中央军事委员会主席的人选"后增加"国家监察委员会主任的人选"。

第三款修改为："县级以上的地方各级人民代表大会代表有权依照法律规定的程序提出本级人民代表大会常务委员会的组成人员、人民政府领导人员、监察委员会主任、人民法院院长、人民检察院检察长以及上一级人民代表大会代表的人选，并有权对本级人民代表大会主席团和代表依法提出的人选提出意见。"

第六款修改为："代表对确定的候选人，可以投赞成票，可以投反对票，也可以投弃权票；表示反对的，可以另选他人。"

十、将第十七条改为第二十三条，修改为："代表参加本级人民代表大会表决，可以表示赞成，可以表示反对，也可以表示弃权。"

十一、将第二十一条改为第二十七条，第一款修改为："县级以上的各级人民代表大会代表，在本级或者下级人民代表大会常务委员会协助下，可以按照便于组织和开展活动的原则，根据地域、领域等组成代表小组。"

十二、增加一条，作为第二十八条："县级以上的地方各级人民代表大会常务委员会和乡、民族乡、镇的人民代表大会主席团按照就地就近的原则，定期组织和协助本行政区域内的代表开展联系人民群众的活动，听取和反映人民群众的意见和要求。"

十三、将第二十二条改为第二十九条，第一款修改为："县级以上的各级人民代表大会代表根据本级人民代表大会常务委员会的安排，对本级或者下级国家机关和有关单位的工作进行视察。乡、民族乡、镇的人民代表大会代表根据本级人民代表大会主席团的安排，对本级人民政府和有关单位的工作进行视察。根据安排，设区的市级以上的各级人民代表大会代表也可以在本行政区域内跨原选举单位进行视察。"

删去第四款。

十四、将第二十三条改为第三十条，修改为："代表根据本级人民代表大会常务委员会或者乡、民族乡、镇的人民代表大会主席团的安排，围绕经济社会发展和关系人民群众切身利益、社会普遍关注的重大问题、重大事项，以及本级人民代表大会常务委员会重点工作，开展专题调研。根据安排，设区的市级以上的各级人民代表大会代表也可以在本行政区域内跨原选举单位开展专题调研。"

十五、将第二十四条改为第三十一条，修改为："代表参加视察、专题调研活动形成的报告，由本级人民代表大会常务委员会办事机构、工作机构或者乡、民族乡、镇的人民代表大会主席团转交有关机关、组织。有关机关、组织对报告中提出的意见和建议的研究处理情况应当及时向代表反馈。

"代表参加视察、专题调研活动时，可以向有关机关、组织提出建议、批评和意见，但不直接处理问题。"

十六、将第二十六条改为第三十三条，修改为："县级以上的各级人民代表大会代表可以应邀列席本级人民代表大会常务委员会会议、本级人民代表大会各专门委员会会议，并可以应邀参加本级人民代表大会常务委员会、各专门委员会和常务委员会办事机构、工作机构组织的有关会议；根据安排参加本级人民代表大会常务委员会组织的执法检查、专题询问和其他活动。

"乡、民族乡、镇的人民代表大会代表参加本级人民代表大会主席团组织的执法检查和其他活动。"

十七、将第二十七条改为第三十四条，增加一款，作为第二款："县、自治县、不设区的市、市辖区的人民代表大会代表可以列席原选区所在的乡、民族乡、镇的人民代表大会会议。"

十八、将第三十三条改为第四十条，修改为："代表在本级人民代表大会闭会期间，参加统一组织和安排的代表履职活动，代表所在单位必须给予时间保障。"

十九、将第三十四条改为第四十一条，将第一款中的"按照本法第三十三条的规定"修改为"依法"。

在第二款中的"执行代表职务"前增加"依法"。

增加一款，作为第三款："代表依法执行代表职务，国家根据需要给予往返的旅费和必要的物质上的便利或者补贴。"

二十、增加一条，作为第四十三条："县级以上的各级人民代表大会常务委员会制定年度代表工作计划，依法统筹组织和安排代表履职活动，增强代表履职活动的计划性、组织性和规范性。

"年度代表工作计划由委员长会议或者主任会议通过，向本级人民代表大会代表通报，并向社会公布。"

二十一、将第三十六条改为第四十四条，修改为："县级以上的各级人民代表大会常务委员会应当采取多种方式同本级人民代表大会代表保持联系，建立健全常务委员会组成人员、各专门委员会和常务委员会办事机构、工作机构联系代表的工作机制，扩大代表对立法、监督等各项工作的参与。

"乡、民族乡、镇的人民代表大会主席、副主席在本级人民代表大会闭会期间负责联系本级人民代表大会代表。"

二十二、将第三十七条改为第四十五条，修改为："县级以上的地方各级人民代表大会常务委员会应当加强同本行政区域内的代表的联系，为代表依法履职提供必要的条件。

"县级以上的各级人民代表大会常务委员会可以运用现代信息技术，建立健全代表履职网络平台，为代表依法履职、加强履职学习培训等提供便利和服务。"

二十三、将第三十八条改为第四十六条，修改为："县级以上的各级人民代表大会常务委员会和各级人民政府及其所属各部门、监察委员会、人民法院、人民检察院，应当及时向本级人民代表大会代表通报工作情况，提供信息资料，保障代表的知情权。

"各级人民政府及其所属各部门、监察委员会、人民法院、人民检察院，根据本级人民代表大会常务委员会的统筹安排，邀请代表参与相关工作和活动，听取代表的意见和建议。"

二十四、将第三十九条改为第四十七条，修改为："县级以上的各级人民代表大会常务委员会应当有计划地组织代表参加履职学习培训和交流，提高代表履职能力。

"代表应当学习贯彻中国共产党的理论和路线、方针、政策，熟悉宪法和人民代表大会制度，掌握履职所需的法律知识和其他专业知识。

"乡、民族乡、镇的人民代表大会代表应当参加上级人民代表大会常务委员会和乡、民族乡、镇的人民代表大会主席团组织的代表履职学习培训。"

二十五、增加一条，作为第五十条："县级以上的各级人民代表大会专门委员会审议本级人民代表大会主席团交付的代表议案，应当与代表联系沟通，充分听取意见，并及时通报情况。"

二十六、将第四十二条改为第五十一条，增加一款，作为第一款："代表对各方面工作提出的建议、批评和意见，由本级人民代表大会常务委员会办事机构、工作机构或者乡、民族乡、镇的人民代表大会主席团交有关机关、组织研究办理。"

将第一款和第二款合并，作为第二款，修改为："有关机关、组织应当认真研究办理代表建议、批评和意见，与代表联系沟通，充分听取意见，并自交办之日起三个月内答复。涉及面广、处理难度大的建议、批评和意见，应当自交办之日起六个月内答复。"

第三款修改为："代表建议、批评和意见的办理情况，由常务委员会办事机构、工作机构或者有关机关、组织向本级人民代表大会常务委员会报告，并印发下一次人民代表大会会议；或者由乡、民族乡、镇的人民代表大会主席团或者有关机关、组织向乡、民族乡、镇的人民代表大会报告。代表建议、批评和意见办理情况的报告，应当予以公开。"

二十七、增加一条，作为第五十二条："县级以上的各级人民代表大会有关专门委员会和常务委员会办事机构、工作机构，乡、民族乡、镇的人民代表大会主席团，应当加强对代表建议、批评和意见的督促办理。

"委员长会议或者主任会议可以围绕经济社会发展和关系人民群众切身利益、社会普遍关注的问题，确定重点督促办理的代表建议、批评和意见。"

二十八、增加一条，作为第五十四条："身体残疾或者其他行动不便的代表执行代表职务时，有关部门应当根据需要给予必要的帮助和照顾。"

二十九、增加一条，作为第五十六条："县级以上的各级人民代表大会常务委员会和乡、民族乡、镇的人民代表大会主席团应当通过多种方式宣传代表依法履职、发挥作用的典型事迹，展现代表践行全过程人民民主的生动实践。"

三十、增加一条，作为第五十七条："代表应当坚定政治立场，履行政治责任，加强思想作风建设，自觉接受监督，自觉维护代表形象。"

三十一、将第四十五条改为第五十八条，第二款修改为："代表应当以多种方式向原选区选民或者原选举单位报告履职情况。县级以上的地方各级人民代表大会常务委员会和乡、民族乡、镇的人民代表大会主席团应当记录代表履职情况，定期组织本级人民代表大会代表向原选区选民或者原选举单位报告履职情况，并公示代表基本信息和履职信息。"

三十二、将第四十六条改为第五十九条，修改为："代表应当正确处理从事个人职业活动与执行代表职务的关系，不得利用执行代表职务干预具体执法、司法案件，插手招标投标等经济活动或者变相从事商业活动牟取个人利益。"

三十三、将第四十九条改为第六十二条，第二项修改为："（二）辞职或者责令辞职被接受的"。

增加一款，作为第二款："代表去世的，其代表资格自然终止。"

三十四、对部分条文作以下修改：

（一）将第十四条改为第二十条，将第一款中的"国务院和国务院各部、各委员会，最高人民法院，最高人民检察院"修改为"国务院和国务院各部门、国家监察委员会、最高人民法院、最高人民检察院"；将第二款中的"本级人民政府及其所属各部门，人民法院，人民检察院"修改为"本级人民政府及其所属各部门、监察委员会、人民法院、人民检察院"。

（二）将第十五条改为第二十一条，在第一款中的"最高人民法院院长"前增加"国家监察委员会主任"；在第二款中的"人民法院院长"前增加"监察委员会主任"。

（三）将第四十一条改为第四十九条，将本条中的"可以"修改为"应当"。

（四）将第四十四条改为第五十五条，将第二款至第四款中的"行政处分"修改为"处分"；将第三款、第四款中的"上级机关"修改为"有关机关"；将第三款中的"《中华人民共和国治安管理处罚法》第五十条的处罚规定"修改为"《中华人民共和国治安管理处罚法》的有关规定给予处罚"。

本决定自 2025 年 3 月 12 日起施行。

《中华人民共和国全国人民代表大会和地方各级人民代表大会代表法》根据本决定作相应修改并对条文顺序作相应调整，重新公布。

中华人民共和国全国人民代表大会和地方各级人民代表大会代表法

（1992年4月3日第七届全国人民代表大会第五次会议通过　根据2009年8月27日第十一届全国人民代表大会常务委员会第十次会议《关于修改部分法律的决定》第一次修正　根据2010年10月28日第十一届全国人民代表大会常务委员会第十七次会议《关于修改〈中华人民共和国全国人民代表大会和地方各级人民代表大会代表法〉的决定》第二次修正　根据2015年8月29日第十二届全国人民代表大会常务委员会第十六次会议《关于修改〈中华人民共和国地方各级人民代表大会和地方各级人民政府组织法〉、〈中华人民共和国全国人民

代表大会和地方各级人民代表大会选举法〉、
〈中华人民共和国全国人民代表大会和地方
各级人民代表大会代表法〉的决定》第三次修
正　根据 2025 年 3 月 11 日第十四届全国人民
代表大会第三次会议《关于修改〈中华人民共
和国全国人民代表大会和地方各级人民代表大
会代表法〉的决定》第四次修正）

目　　录

第一章　总　　则

　　第一条　为保证全国人民代表大会和地方各级人民代表大会代表依法行使代表的职权，履行代表的义务，发挥代表作用，根据宪法，制定本法。

　　第二条　全国人民代表大会和地方各级人民代表大会代表依照法律规定选举产生。

全国人民代表大会代表是最高国家权力机关组成人员，地方各级人民代表大会代表是地方各级国家权力机关组成人员。

全国人民代表大会和地方各级人民代表大会代表每届任期五年，从每届本级人民代表大会举行第一次会议开始，到下届本级人民代表大会举行第一次会议为止。

第三条　全国人民代表大会和地方各级人民代表大会代表应当坚持中国共产党的领导，坚持以马克思列宁主义、毛泽东思想、邓小平理论、"三个代表"重要思想、科学发展观、习近平新时代中国特色社会主义思想为指导，坚定不移走中国特色社会主义政治发展道路，依照宪法和法律赋予本级人民代表大会的各项职权，遵循民主集中制原则，参加行使国家权力。

第四条　全国人民代表大会和地方各级人民代表大会代表应当以坚持好、完善好、运行好人民代表大会制度为己任，做到政治坚定、服务人民、尊崇法治、发扬民主、勤勉尽责，为各级人民代表大会及其常务委员会建设自觉坚持中国共产党领导的政治机关、保证人民当家作主的国家权力机关、全面担负宪法法律赋予的各项职责的工作机关、始终同人民群众保持密切联系的代表机关而积极履职。

第五条　全国人民代表大会和地方各级人民代表大会代表应当坚持以人民为中心，践行全过程人民民主，始终同人民群众保持密切联系，忠实代表人民的利益和意志，自觉接受人民监督。

第六条 全国人民代表大会和地方各级人民代表大会代表应当忠于宪法，弘扬宪法精神，维护宪法权威，维护社会主义法制的统一和尊严，为推进全面依法治国、建设更高水平的社会主义法治国家贡献力量。

第七条 代表享有下列权利：

（一）出席本级人民代表大会会议，参加审议各项议案、报告和其他议题，发表意见；

（二）依法联名提出议案、质询案、罢免案等；

（三）提出对各方面工作的建议、批评和意见；

（四）参加本级人民代表大会的各项选举；

（五）参加本级人民代表大会的各项表决；

（六）参加本级人民代表大会闭会期间统一组织的履职活动；

（七）获得依法履职所需的信息资料和各项保障；

（八）法律规定的其他权利。

第八条 代表应当履行下列义务：

（一）模范地遵守宪法和法律，保守国家秘密，在自己参加的生产、工作和社会活动中，协助宪法和法律的实施；

（二）按时出席本级人民代表大会会议，认真审议各项议案、报告和其他议题，发表意见，参加选举和表决，遵守会议纪律，做好会议期间的各项工作；

（三）带头宣传贯彻本级人民代表大会会议精神；

（四）积极参加统一组织的视察、专题调研、执法检查等履职活动；

（五）加强履职学习和调查研究，不断提高履职能力；

（六）与原选区选民或者原选举单位和人民群众保持密切联系，听取和反映他们的意见和要求，努力为人民服务；

（七）带头践行社会主义核心价值观，铸牢中华民族共同体意识，自觉遵守社会公德，廉洁自律，公道正派，勤勉尽责；

（八）法律规定的其他义务。

第九条　代表依照本法的规定在本级人民代表大会会议期间的工作和在本级人民代表大会闭会期间的活动，都是执行代表职务。

国家和社会为代表执行代表职务提供保障。

代表不脱离各自的生产和工作。代表出席本级人民代表大会会议，参加闭会期间统一组织的履职活动，应当安排好本人的生产和工作，优先执行代表职务。

第十条　代表受原选区选民或者原选举单位的监督。

第十一条　县级以上的各级人民代表大会常务委员会和乡、民族乡、镇的人民代表大会主席团应当密切同代表的联系，丰富代表联系人民群众的内容和形式，加强代表工作能力建设，支持和保障代表依法履职，充分发挥代表作用。

　　各级人民政府、监察委员会、人民法院、人民检察院应当加强同代表的联系，听取代表的意见和建议，加强和改进各方面工作。

　　第十二条　县级以上的各级人民代表大会常务委员会设立代表工作委员会，作为常务委员会的工作机构。

第二章　代表在本级人民代表大会
会议期间的工作

　　第十三条　代表应当按时出席本级人民代表大会会议。代表因健康等特殊原因不能出席会议的，应当按照规定请假。

　　代表在出席本级人民代表大会会议前，应当通过多种方式听取人民群众的意见和要求，根据安排认真研读拟提请会议审议的议案和报告，为会议期间执行代表职务做好准备。

　　第十四条　县级以上的各级人民代表大会代表按照选举单位、行政区域等组成代表团。乡、民族乡、镇的人民代表大会代表根据实际需要，可以组成代表团。

　　代表根据大会主席团、代表团的组织和安排，参加大会全体会议、代表团全体会议、小组会议，审议列入会议议程的各项议案、报告和其他议题。

　　代表可以被推选或者受邀请列席主席团会议、专门委员会会议，发表意见。

代表应当围绕会议议题发表意见，遵守议事规则。

第十五条　代表有权依照法律规定的程序向本级人民代表大会提出属于本级人民代表大会职权范围内的议案。议案应当有案由、案据和方案。

代表依法提出的议案，由本级人民代表大会主席团决定是否列入会议议程，或者先交有关的专门委员会审议、提出是否列入会议议程的意见，再决定是否列入会议议程。

列入会议议程的议案，在交付大会表决前，提出议案的代表要求撤回的，经主席团同意，会议对该项议案的审议即行终止。

第十六条　全国人民代表大会代表，有权依照宪法规定的程序向全国人民代表大会提出修改宪法的议案。

第十七条　代表参加本级人民代表大会的各项选举。

全国人民代表大会代表有权对主席团提名的全国人民代表大会常务委员会组成人员的人选，中华人民共和国主席、副主席的人选，中央军事委员会主席的人选，国家监察委员会主任的人选，最高人民法院院长和最高人民检察院检察长的人选，全国人民代表大会各专门委员会的人选，提出意见。

县级以上的地方各级人民代表大会代表有权依照法律规定的程序提出本级人民代表大会常务委员会的组成

人员、人民政府领导人员、监察委员会主任、人民法院院长、人民检察院检察长以及上一级人民代表大会代表的人选，并有权对本级人民代表大会主席团和代表依法提出的人选提出意见。

乡、民族乡、镇的人民代表大会代表有权依照法律规定的程序提出本级人民代表大会主席、副主席和人民政府领导人员的人选，并有权对本级人民代表大会主席团和代表依法提出的上述人员的人选提出意见。

各级人民代表大会代表有权对本级人民代表大会主席团的人选，提出意见。

代表对确定的候选人，可以投赞成票，可以投反对票，也可以投弃权票；表示反对的，可以另选他人。

第十八条　全国人民代表大会代表参加决定国务院组成人员和中央军事委员会副主席、委员的人选。

县级以上的各级人民代表大会代表参加表决通过本级人民代表大会各专门委员会组成人员的人选。

第十九条　代表在审议议案和报告时，可以向本级有关国家机关提出询问。有关国家机关应当派负责人或者负责人员回答询问。

第二十条　全国人民代表大会会议期间，一个代表团或者三十名以上的代表联名，有权书面提出对国务院和国务院各部门、国家监察委员会、最高人民法院、最高人民检察院的质询案。

县级以上的地方各级人民代表大会代表有权依照法

律规定的程序提出对本级人民政府及其所属各部门、监察委员会、人民法院、人民检察院的质询案。

乡、民族乡、镇的人民代表大会代表有权依照法律规定的程序提出对本级人民政府的质询案。

质询案应当写明质询对象、质询的问题和内容。

质询案按照主席团的决定由受质询机关答复。提出质询案的代表半数以上对答复不满意的，可以要求受质询机关再作答复。

第二十一条　全国人民代表大会代表有权依照法律规定的程序提出对全国人民代表大会常务委员会组成人员，中华人民共和国主席、副主席，国务院组成人员，中央军事委员会组成人员，国家监察委员会主任，最高人民法院院长，最高人民检察院检察长的罢免案。

县级以上的地方各级人民代表大会代表有权依照法律规定的程序提出对本级人民代表大会常务委员会组成人员，人民政府组成人员，监察委员会主任，人民法院院长，人民检察院检察长的罢免案。

乡、民族乡、镇的人民代表大会代表有权依照法律规定的程序提出对本级人民代表大会主席、副主席和人民政府领导人员的罢免案。

罢免案应当写明罢免的理由。

第二十二条　县级以上的各级人民代表大会代表有权依法提议组织关于特定问题的调查委员会。

第二十三条　代表参加本级人民代表大会表决，可以表示赞成，可以表示反对，也可以表示弃权。

第二十四条　代表有权向本级人民代表大会提出对各方面工作的建议、批评和意见。建议、批评和意见应当明确具体，注重反映实际情况和问题。

第三章　代表在本级人民代表大会闭会期间的活动

第二十五条　县级以上的各级人民代表大会常务委员会组织本级人民代表大会代表开展闭会期间的活动。

县级以上的地方各级人民代表大会常务委员会受上一级人民代表大会常务委员会的委托，组织本级人民代表大会选举产生的上一级人民代表大会代表开展闭会期间的活动。

乡、民族乡、镇的人民代表大会主席、副主席根据主席团的安排，组织本级人民代表大会代表开展闭会期间的活动。

第二十六条　代表在闭会期间的活动以集体活动为主，以代表小组活动为基本形式。代表可以通过多种方式听取、反映原选区选民或者原选举单位的意见和要求。

第二十七条　县级以上的各级人民代表大会代表，在本级或者下级人民代表大会常务委员会协助下，可以按照便于组织和开展活动的原则，根据地域、领域等组成代表小组。

县级以上的各级人民代表大会代表，可以参加下级人民代表大会代表的代表小组活动。

第二十八条　县级以上的地方各级人民代表大会常务委员会和乡、民族乡、镇的人民代表大会主席团按照就地就近的原则，定期组织和协助本行政区域内的代表开展联系人民群众的活动，听取和反映人民群众的意见和要求。

第二十九条　县级以上的各级人民代表大会代表根据本级人民代表大会常务委员会的安排，对本级或者下级国家机关和有关单位的工作进行视察。乡、民族乡、镇的人民代表大会代表根据本级人民代表大会主席团的安排，对本级人民政府和有关单位的工作进行视察。根据安排，设区的市级以上的各级人民代表大会代表也可以在本行政区域内跨原选举单位进行视察。

代表按前款规定进行视察，可以提出约见本级或者下级有关国家机关负责人。被约见的有关国家机关负责人或者由他委托的负责人员应当听取代表的建议、批评和意见。

代表可以持代表证就地进行视察。县级以上的地方各级人民代表大会常务委员会或者乡、民族乡、镇的人民代表大会主席团根据代表的要求，联系安排本级或者上级的代表持代表证就地进行视察。

第三十条　代表根据本级人民代表大会常务委员会

或者乡、民族乡、镇的人民代表大会主席团的安排，围绕经济社会发展和关系人民群众切身利益、社会普遍关注的重大问题、重大事项，以及本级人民代表大会常务委员会重点工作，开展专题调研。根据安排，设区的市级以上的各级人民代表大会代表也可以在本行政区域内跨原选举单位开展专题调研。

　　第三十一条　代表参加视察、专题调研活动形成的报告，由本级人民代表大会常务委员会办事机构、工作机构或者乡、民族乡、镇的人民代表大会主席团转交有关机关、组织。有关机关、组织对报告中提出的意见和建议的研究处理情况应当及时向代表反馈。

　　代表参加视察、专题调研活动时，可以向有关机关、组织提出建议、批评和意见，但不直接处理问题。

　　第三十二条　代表有权依照法律规定的程序提议临时召集本级人民代表大会会议。

　　第三十三条　县级以上的各级人民代表大会代表可以应邀列席本级人民代表大会常务委员会会议、本级人民代表大会各专门委员会会议，并可以应邀参加本级人民代表大会常务委员会、各专门委员会和常务委员会办事机构、工作机构组织的有关会议；根据安排参加本级人民代表大会常务委员会组织的执法检查、专题询问和其他活动。

　　乡、民族乡、镇的人民代表大会代表参加本级人民代表大会主席团组织的执法检查和其他活动。

第三十四条　全国人民代表大会代表，省、自治区、直辖市、自治州、设区的市的人民代表大会代表可以列席原选举单位的人民代表大会会议，并可以应邀列席原选举单位的人民代表大会常务委员会会议。

县、自治县、不设区的市、市辖区的人民代表大会代表可以列席原选区所在的乡、民族乡、镇的人民代表大会会议。

第三十五条　县级以上的各级人民代表大会代表根据本级人民代表大会或者本级人民代表大会常务委员会的决定，参加关于特定问题的调查委员会。

第三十六条　代表在本级人民代表大会闭会期间，有权向本级人民代表大会常务委员会或者乡、民族乡、镇的人民代表大会主席团提出对各方面工作的建议、批评和意见。建议、批评和意见应当明确具体，注重反映实际情况和问题。

第三十七条　乡、民族乡、镇的人民代表大会代表在本级人民代表大会闭会期间，根据统一安排，开展调研等活动；组成代表小组，分工联系选民，反映人民群众的意见和要求。

第四章　代表执行职务的保障

第三十八条　代表在人民代表大会各种会议上的发言和表决，不受法律追究。

第三十九条 县级以上的各级人民代表大会代表，非经本级人民代表大会主席团许可，在本级人民代表大会闭会期间，非经本级人民代表大会常务委员会许可，不受逮捕或者刑事审判。如果因为是现行犯被拘留，执行拘留的机关应当立即向该级人民代表大会主席团或者人民代表大会常务委员会报告。

对县级以上的各级人民代表大会代表，如果采取法律规定的其他限制人身自由的措施，应当经该级人民代表大会主席团或者人民代表大会常务委员会许可。

人民代表大会主席团或者常务委员会受理有关机关依照本条规定提请许可的申请，应当审查是否存在对代表在人民代表大会各种会议上的发言和表决进行法律追究，或者对代表提出建议、批评和意见等其他执行职务行为打击报复的情形，并据此作出决定。

乡、民族乡、镇的人民代表大会代表，如果被逮捕、受刑事审判、或者被采取法律规定的其他限制人身自由的措施，执行机关应当立即报告乡、民族乡、镇的人民代表大会。

第四十条 代表在本级人民代表大会闭会期间，参加统一组织和安排的代表履职活动，代表所在单位必须给予时间保障。

第四十一条 代表依法执行代表职务，其所在单位按正常出勤对待，享受所在单位的工资和其他待遇。

无固定工资收入的代表依法执行代表职务，根据实

28

际情况由本级财政给予适当补贴。

代表依法执行代表职务，国家根据需要给予往返的旅费和必要的物质上的便利或者补贴。

第四十二条 代表的活动经费，应当列入本级财政预算予以保障，专款专用。

第四十三条 县级以上的各级人民代表大会常务委员会制定年度代表工作计划，依法统筹组织和安排代表履职活动，增强代表履职活动的计划性、组织性和规范性。

年度代表工作计划由委员长会议或者主任会议通过，向本级人民代表大会代表通报，并向社会公布。

第四十四条 县级以上的各级人民代表大会常务委员会应当采取多种方式同本级人民代表大会代表保持联系，建立健全常务委员会组成人员、各专门委员会和常务委员会办事机构、工作机构联系代表的工作机制，扩大代表对立法、监督等各项工作的参与。

乡、民族乡、镇的人民代表大会主席、副主席在本级人民代表大会闭会期间负责联系本级人民代表大会代表。

第四十五条 县级以上的地方各级人民代表大会常务委员会应当加强同本行政区域内的代表的联系，为代表依法履职提供必要的条件。

县级以上的各级人民代表大会常务委员会可以运用现代信息技术，建立健全代表履职网络平台，为代表依法履职、加强履职学习培训等提供便利和服务。

　　第四十六条　县级以上的各级人民代表大会常务委员会和各级人民政府及其所属各部门、监察委员会、人民法院、人民检察院，应当及时向本级人民代表大会代表通报工作情况，提供信息资料，保障代表的知情权。

　　各级人民政府及其所属各部门、监察委员会、人民法院、人民检察院，根据本级人民代表大会常务委员会的统筹安排，邀请代表参与相关工作和活动，听取代表的意见和建议。

　　第四十七条　县级以上的各级人民代表大会常务委员会应当有计划地组织代表参加履职学习培训和交流，提高代表履职能力。

　　代表应当学习贯彻中国共产党的理论和路线、方针、政策，熟悉宪法和人民代表大会制度，掌握履职所需的法律知识和其他专业知识。

　　乡、民族乡、镇的人民代表大会代表应当参加上级人民代表大会常务委员会和乡、民族乡、镇的人民代表大会主席团组织的代表履职学习培训。

　　第四十八条　县级以上的各级人民代表大会常务委员会的办事机构和工作机构是代表执行代表职务的集体服务机构，为代表执行代表职务提供服务保障。

　　第四十九条　为了便于代表执行代表职务，各级人民代表大会应当为本级人民代表大会代表制发代表证。

　　第五十条　县级以上的各级人民代表大会专门委

30

员会审议本级人民代表大会主席团交付的代表议案，应当与代表联系沟通，充分听取意见，并及时通报情况。

第五十一条　代表对各方面工作提出的建议、批评和意见，由本级人民代表大会常务委员会办事机构、工作机构或者乡、民族乡、镇的人民代表大会主席团交有关机关、组织研究办理。

有关机关、组织应当认真研究办理代表建议、批评和意见，与代表联系沟通，充分听取意见，并自交办之日起三个月内答复。涉及面广、处理难度大的建议、批评和意见，应当自交办之日起六个月内答复。

代表建议、批评和意见的办理情况，由常务委员会办事机构、工作机构或者有关机关、组织向本级人民代表大会常务委员会报告，并印发下一次人民代表大会会议；或者由乡、民族乡、镇的人民代表大会主席团或者有关机关、组织向乡、民族乡、镇的人民代表大会报告。代表建议、批评和意见办理情况的报告，应当予以公开。

第五十二条　县级以上的各级人民代表大会有关专门委员会和常务委员会办事机构、工作机构，乡、民族乡、镇的人民代表大会主席团，应当加强对代表建议、批评和意见的督促办理。

委员长会议或者主任会议可以围绕经济社会发展和关系人民群众切身利益、社会普遍关注的问题，确定重点督促办理的代表建议、批评和意见。

第五十三条 少数民族代表执行代表职务时，有关部门应当在语言文字、生活习惯等方面给予必要的帮助和照顾。

第五十四条 身体残疾或者其他行动不便的代表执行代表职务时，有关部门应当根据需要给予必要的帮助和照顾。

第五十五条 一切组织和个人都必须尊重代表的权利，支持代表执行代表职务。

有义务协助代表执行代表职务而拒绝履行义务的，有关单位应当予以批评教育，直至给予处分。

阻碍代表依法执行代表职务的，根据情节，由所在单位或者有关机关给予处分，或者适用《中华人民共和国治安管理处罚法》有关规定给予处罚；以暴力、威胁方法阻碍代表依法执行代表职务的，依照刑法有关规定追究刑事责任。

对代表依法执行代表职务进行打击报复的，由所在单位或者有关机关责令改正或者给予处分；国家工作人员进行打击报复构成犯罪的，依照刑法有关规定追究刑事责任。

第五十六条 县级以上的各级人民代表大会常务委员会和乡、民族乡、镇的人民代表大会主席团应当通过多种方式宣传代表依法履职、发挥作用的典型事迹，展现代表践行全过程人民民主的生动实践。

第五章　对代表的监督

第五十七条　代表应当坚定政治立场，履行政治责任，加强思想作风建设，自觉接受监督，自觉维护代表形象。

第五十八条　代表应当采取多种方式经常听取人民群众对代表履职的意见，回答原选区选民或者原选举单位对代表工作和代表活动的询问，接受监督。

代表应当以多种方式向原选区选民或者原选举单位报告履职情况。县级以上的地方各级人民代表大会常务委员会和乡、民族乡、镇的人民代表大会主席团应当记录代表履职情况，定期组织本级人民代表大会代表向原选区选民或者原选举单位报告履职情况，并公示代表基本信息和履职信息。

第五十九条　代表应当正确处理从事个人职业活动与执行代表职务的关系，不得利用执行代表职务干预具体执法、司法案件，插手招标投标等经济活动或者变相从事商业活动牟取个人利益。

第六十条　选民或者选举单位有权依法罢免自己选出的代表。被提出罢免的代表有权出席罢免该代表的会议提出申辩意见，或者书面提出申辩意见。

第六十一条　代表有下列情形之一的，暂时停止执行代表职务，由代表资格审查委员会向本级人民代表大

33

会常务委员会或者乡、民族乡、镇的人民代表大会报告：

（一）因刑事案件被羁押正在受侦查、起诉、审判的；

（二）被依法判处管制、拘役或者有期徒刑而没有附加剥夺政治权利，正在服刑的。

前款所列情形在代表任期内消失后，恢复其执行代表职务，但代表资格终止者除外。

第六十二条 代表有下列情形之一的，其代表资格终止：

（一）地方各级人民代表大会代表迁出或者调离本行政区域的；

（二）辞职或者责令辞职被接受的；

（三）未经批准两次不出席本级人民代表大会会议的；

（四）被罢免的；

（五）丧失中华人民共和国国籍的；

（六）依照法律被剥夺政治权利的；

（七）丧失行为能力的。

代表去世的，其代表资格自然终止。

第六十三条 县级以上的各级人民代表大会代表资格的终止，由代表资格审查委员会报本级人民代表大会常务委员会，由本级人民代表大会常务委员会予以公告。

乡、民族乡、镇的人民代表大会代表资格的终止，由代表资格审查委员会报本级人民代表大会，由本级人民代表大会予以公告。

第六章   附   则

第六十四条   省、自治区、直辖市的人民代表大会及其常务委员会可以根据本法和本行政区域的实际情况，制定实施办法。

第六十五条   本法自公布之日起施行。

关于《中华人民共和国全国人民代表大会和地方各级人民代表大会代表法（修正草案）》的说明

——2025 年 3 月 5 日在第十四届全国人民代表大会第三次会议上

全国人民代表大会常务委员会副委员长　李鸿忠

各位代表：

我受全国人大常委会委托，作关于《中华人民共和国全国人民代表大会和地方各级人民代表大会代表法（修正草案）》的说明。

一、修改代表法的必要性和重大意义

人民代表大会制度是我国的根本政治制度。党的十八大以来，以习近平同志为核心的党中央立足新的历史方位，加强党对人大工作的全面领导，持续推进人民代表大会制度理论和实践创新，形成习近平总书记关于坚持和完善人民代表大会制度的重要思想，推动人大工作取得历史性成就，人民代表大会制度更加成熟、更加定型。

人大代表是国家权力机关的组成人员，代表人民的利益和意志，依照宪法和法律的规定，参加行使国家权力。以习近平同志为核心的党中央高度重视人大代表工作，从发展全过程人民民主、保障人民当家作主的高度，对充分发挥人大代表作用、加强人大代表工作能力建设作出决策部署。2021年10月，中央人大工作会议明确提出充分发挥人大代表作用等任务要求。2022年10月，党的二十大报告提出加强人大代表工作能力建设，密切人大代表同人民群众的联系。2024年7月，党的二十届三中全会《决定》提出丰富人大代表联系人民群众的内容和形式，健全吸纳民意、汇集民智工作机制。2024年9月，习近平总书记在庆祝全国人民代表大会成立70周年大会上发表重要讲话，强调必须坚持充分发挥人大代表作用，对人大代表当好党和国家联系人民群众的桥梁，各国家机关支持和保障人大代表依法履职，健全联系代表的制度机制等提出明确要求。

代表法是规范和保障人大代表依法行使代表职权、

履行代表义务、发挥代表作用的基本法律。现行代表法是 1992 年七届全国人大五次会议通过和公布施行的，2009 年、2010 年、2015 年分别作了部分修改。这部法律的颁布施行，对规范和保障代表依法履行职责，充分发挥代表作用，保证人民当家作主，发挥了重要作用。全面贯彻习近平新时代中国特色社会主义思想，深入贯彻习近平总书记关于坚持和完善人民代表大会制度的重要思想，贯彻落实党中央重大决策部署，有必要与时俱进修改完善代表法，保障和促进人大代表工作高质量发展，更充分地发挥人民代表大会制度的显著优势。

（一）修改代表法是坚持党的全面领导、坚定不移走中国特色社会主义政治发展道路的必然要求

人民代表大会制度是坚持党的领导、人民当家作主、依法治国有机统一的根本政治制度安排，是党领导国家政权机关的重要制度载体。坚持党中央集中统一领导是人大工作的最高政治原则。人大代表作为各级人民代表大会的组成人员，必须旗帜鲜明讲政治，提高政治站位，履行政治责任，做政治上的明白人。修改代表法，明确各级人大代表坚持中国共产党的领导、坚持党和国家的指导思想，坚定政治立场，履行政治责任，加强思想作风建设，学习贯彻党的理论和路线、方针、政策，对于保障代表依法履职尽责，保证党的理论、路线、方针政策和决策部署通过人民代表大会制度在国家工作中得到全面贯彻和有效执行，具有重要意义。

（二）修改代表法是推动人大工作高质量发展，坚持好、完善好、运行好人民代表大会制度的重要保障

人大代表作用的发挥，直接关系人民代表大会制度的运行，直接关系人大工作质量和水平。人大代表参加行使国家权力的主要形式是出席人民代表大会会议，参与重要法律法规的制定修改、计划预算的审查批准和重大事项的审议决定，依法参加选举、表决重要人事任免事项，提出议案和建议，等等。人大代表在闭会期间开展调研视察，参与人大常委会和专门委员会相关工作，通过多种形式深入了解群众诉求，通过人大渠道向党和国家机关提出意见建议。人大代表在大会会议期间的工作和闭会期间的活动，都是执行代表职务。党的十八大以来，各级人大健全常委会联系代表的制度机制，加强代表对人大常委会立法、监督工作的参与，改进代表调研视察工作，加强代表建议办理工作，有力保障代表作用的充分发挥。修改代表法，健全各级国家机关支持和保障人大代表依法履职、加强同人大代表联系的制度机制，对于推动人大工作高质量发展，更好把人民代表大会制度的显著优势转化为治理效能，具有重要意义。

（三）修改代表法是发展全过程人民民主，使各级人大及其常委会成为始终同人民群众保持密切联系的代表机关的客观要求

全过程人民民主是社会主义民主政治的本质属性，人民代表大会制度是实现我国全过程人民民主的重要制

度载体。习近平总书记对各级人大及其常委会提出建设"四个机关"要求，其中包括成为始终同人民群众保持密切联系的代表机关。我国各级人大代表都由民主选举产生，具有广泛的代表性。目前，我国277万多名五级人大代表中，近95%是县乡人大代表，很多是一线工人、农民、专业技术人员。人大代表作为党和国家联系人民群众的桥梁，发挥来自人民、扎根人民的特点优势，代表人民依法参加行使国家权力，反映人民的意见和要求，是践行全过程人民民主的生动体现。近年来，各级人大常委会贯彻落实党中央决策部署，加强代表履职平台建设，丰富人大代表联系人民群众的内容和形式，密切代表同人民群众的联系。修改代表法，明确代表践行全过程人民民主的原则和要求，完善各级人大常委会和乡镇人大主席团组织代表开展联系人民群众活动的工作机制，对于保证人大代表忠实代表人民的利益和意志，参加行使国家权力，听取和反映人民群众的意见和要求，切实维护人民群众的合法权益，具有重要意义。

二、修改代表法的指导思想、遵循的原则和工作过程

修改代表法，要坚持以习近平新时代中国特色社会主义思想为指导，深入学习贯彻习近平总书记关于坚持和完善人民代表大会制度的重要思想，全面贯彻党的二十大和二十届二中、三中全会精神以及中央人大工作会

议精神，坚定不移走中国特色社会主义政治发展道路，坚持党的领导、人民当家作主、依法治国有机统一，总结新时代人大代表工作的实践经验，提升人大代表工作制度化、规范化、程序化水平，使发挥各级人大代表作用成为人民当家作主的重要体现。

修改工作遵循的原则：一是，认真贯彻落实党中央重大决策部署和中央人大工作会议精神，保证人大代表始终站稳政治立场、履行政治责任，保证党的领导全面、系统、整体地落实到国家权力机关履职行权的各方面全过程，确保代表工作的正确政治方向。二是，坚持以人民为中心，坚持和发展全过程人民民主，充分发挥各级人大代表作为党和国家联系人民群众的桥梁作用，不断丰富国家机关联系代表、代表联系人民群众的内容和形式，充分发挥代表在发展全过程人民民主中的作用。三是，充分总结近年来各级人大代表履职、各级人大及其常委会开展代表工作的实践经验，坚持问题导向，坚持实事求是，对实践证明可行、确有必要修改的予以修改完善；可改可不改的，一般不作修改。四是，遵循宪法的规定、原则和精神，同时与近年来修改的全国人大组织法、地方组织法、全国人大议事规则和选举法、立法法、监督法等法律做好衔接。

以习近平同志为核心的党中央高度重视代表法修改工作。2024年10月，习近平总书记主持召开中央政治局常委会会议，听取审议并原则同意全国人大常委会党组关于代表法修正草案有关问题的请示和汇报，为代表法修改工作提供了重要指导和遵循。

根据立法工作安排，全国人大常委会法制工作委员会、代表工作委员会于 2024 年初组成修法工作专班，启动代表法修改工作，经广泛征求各方面意见和认真研究，提出了代表法修正草案。期间主要开展了以下工作：一是，深入学习领会习近平总书记关于坚持和完善人民代表大会制度的重要思想，深入践行全过程人民民主重大理念和实践要求，全面梳理党的十八大以来党中央关于发挥人大代表作用、做好新时代人大代表工作的重大决策部署和要求。二是，深入总结新时代人大代表工作的实践经验，组织对代表法修改有关问题开展专题研究，梳理总结近年来与代表法有关的议案、建议和法律询问答复。三是，将修正草案印发中央有关部门、全国人大各专门委员会和有关工作机构、各省（自治区、直辖市）和部分设区的市人大常委会、基层立法联系点以及有关组织和研究机构征求意见。四是，多次召开座谈会，听取各省（自治区、直辖市）人大常委会代表工委、部分全国人大代表、专家学者和基层群众的意见建议。五是，到部分地方进行调研，深入了解近年来人大代表履职和各级人大及其常委会开展代表工作的新实践新经验。

2024 年 11 月初，十四届全国人大常委会第十二次会议对代表法修正草案进行了初次审议。同年 12 月底，十四届全国人大常委会第十三次会议对代表法修正草案进行了再次审议，并决定提请十四届全国人大三次会议审议。代表法修正草案经全国人大常委会两次会议审议后，先后两次在中国人大网全文公布草案征求社会公众意见；将修正草案印发全国人大代表，组织部署全国人大代表研读讨论并征求意见。各方面一致认为，修正草案深入贯彻落实习近平总书记关于坚持和完善人民代表大会制度的重要思想，深入总结新时代人大代表工作实践经验，健全人大代表履职制度机制，强化对代表履职的保障和监督，对于充分发挥代表在发展全过程人民民主中的作用，坚持好、完善好、运行好人民代表大会制度，健全全过程人民民主制度体系，具有重要意义。

2025 年 2 月 7 日，全国人大宪法和法律委员会召开会议，根据全国人大常委会组成人员的审议意见、代表研读讨论中提出的意见和各方面的意见，对代表法修正草案作了进一步修改完善。宪法和法律委员会认为，经过全国人大常委会两次会议审议、广泛征求意见和反复修改完善，代表法修正草案充分吸收各方面的意见建议，已经比较成熟。据此，形成了提请本次会议审议的《中华人民共和国全国人民代表大会和地方各级人民代表大会代表法（修正草案）》。

三、代表法修正草案的主要内容

代表法修正草案共 34 条，主要修改内容如下：

（一）充实总则部分规定

贯彻党中央决策部署，突出对代表履职的政治要求。一是贯彻落实宪法规定，体现新时代党的重大理论创新成果，明确代表应当坚持党的领导、坚持党和国家的指导思想，增加规定：全国人民代表大会和地方各级人民代表大会代表应当坚持中国共产党的领导，坚持以马克思列宁主义、毛泽东思想、邓小平理论、"三个代表"重要思想、科学发展观、习近平新时代中国特色社会主义思想为指导，坚定不移走中国特色社会主义政治发展道路，遵循民主集中制原则。二是贯彻落实中央人大工作会议精神，明确代表在坚持好、完善好、运行好人民代表大会制度中的职责使命，增加规定：全国人民代表大会和地方各级人民代表大会代表应当以坚持好、完善好、运行好人民代表大会制度为己任，做到政治坚定、服务人民、尊崇法治、发扬民主、勤勉尽责，为各级人大及其常委会建设自觉坚持中国共产党领导的政治机关、保证人民当家作主的国家权力机关、全面担负宪法法律赋予的各项职责的工作机关、始终同人民群众保持密切联系的代表机关而履职尽责。三是贯彻全过程人民民主重大理念，明确代表密切联系人民群众的原则要求，增加规定：全国人民代表大会和地方各级人民代表大会代表应当坚持以人民为中心，践行全过程人民民主，始终同人民群众保持密切联系，忠实代表人民的利益和意志，自觉接受人民监督。四是明确代表忠于宪法的职责使命和在推进全面依法治国中的重要作用，增加规定：全国人民代表大会和地方各级人民代表大会代表应当忠于宪法，弘扬宪法精神，维护宪法权威，维护社会主义法制的统一和尊严，为推进全面依法治国、建设更高水平的社会主义法治国家贡献力量。五是完善代表的权利义务有关规定，增加规定：代表"参加本级人民代表大会闭会期间的各项履职活动"；"参加选举和表决"，"遵守会议纪律"，"带头践行社会主义核心价值观，铸牢中华民族共同体意识，自觉遵守社会主义道德"。

（二）拓展和深化"两个联系"制度机制

贯彻党中央关于密切国家机关同人大代表的联系、密切人大代表同人民群众的联系的要求，总结实践经验，完善相关制度机制：一是明确国家机关联系代表的原则要求，增加规定：县级以上的各级人大常委会和乡镇人大主席团应当密切同代表的联系，丰富代表联系人民群众的内容和形式，加强代表工作能力建设，支持和保障代表依法履职，充分发挥代表作用；各级人民政府、监察委员会、人民法院、人民检察院应当加强同代表的联系，听取代表的意见和建议，加强和改进各方面工作。二是进一步完善代表联系人民群众制度，增加规定：县级以上的地方各级人大常委会或者乡镇人大主席团按照就地就近的原则，定期组织代表开展联系人民群众的活动，听取和反映人民群众的意见和建议。三是进一步完善人大常委会联系代表制度，明确县级以上的各级人大常委会应当采取多种方式同本级人大代表保持联系，建立健全常委会组成人员和各专门委员会、常委会工作机构联系代表的工作机制，扩大代表对立法、监督等各项工作的参与；乡镇人大主席、副主席在大会闭会期间负责联系本级人大代表。四是完善"一府一委两院"联系代表制度，增加规定：各级人民政府及其所属各部门、监察委员会、人民法院和人民检察院，根据本级人大常委会的统筹安排，邀请代表参与相关工作和活动，听取代表的意见和建议。

（三）完善人大代表工作能力建设有关规定

贯彻党中央关于加强人大代表工作能力建设的要求，与地方组织法、全国人大常委会有关决定相衔接，明确代表工作机构和代表工作计划。一是增加规定：县级以上的各级人大常委会设立代表工作委员会，作为常委会的工作机构。二是增加规定：县级以上的各级人大常委会制定年度代表工作计划；年度代表工作计划由委员长会议或者主任会议通过，向本级人大代表通报，并向社会公布。

（四）完善代表在本级人民代表大会会议期间的工作有关规定

代表在本级人民代表大会会议期间的工作是代表履职的集中体现。结合近年来代表在大会会议期间依法履职的实际做法，完善有关规定：一是进一步明确代表在出席本级人民代表大会会议前，应当通过多种方式听取人民群众的意见和建议，根据安排认真研读拟提请会议审议的议案和报告，为会议期间执行代表职务做好准备。二是根据实践做法，明确县级以上的各级人大代表按照选举单位、行政区域等组成代表团；乡镇人大代表根据实际需要，可以组成代表团。

（五）完善代表在本级人民代表大会闭会期间的活动有关规定

人大代表参加大会闭会期间的活动，是代表依法履职的重要方式。结合近年来的实践做法，进一步规范代表在大会闭会期间的活动。一是完善代表小组的组成，明确县级以上的各级人大代表"根据地域、领域等"组成代表小组。二是贯彻落实中央人大工作会议精神，根据实践做法，增加规定：根据安排，设区的市级以上的各级人大代表也可以在本行政区域内跨原选举单位进行视察、开展专题调研。三是在现有代表视察有关要求的基础上，明确代表参加专题调研活动时，也可以向有关机关、组织提出建议、批评和意见，但不直接处理问题。四是进一步扩大代表对人大常委会、专门委员会工作的参与，增加规定：县级以上的各级人大代表可以应邀参加本级人大常委会、各专门委员会和常委会办事机构、工作机构组织的有关会议。五是明确县级人大代表可以列席原选区所在的乡镇人民代表大会会议。

（六）完善代表执行职务的保障有关规定

贯彻落实党中央决策部署，根据实践做法，对代表执行职务的保障有关规定作了修改完善。一是根据地方的意见，与地方组织法有关规定相衔接，明确代表依法执行代表职务，国家根据需要给予往返的旅费和必要的物质上的便利或者补贴。二是增加规定：县级以上的各级人大常委会可以运用现代信息技术，建立健全代表履职网络平台，为代表依法履职、加强履职学习培训等提供便利和服务。三是完善代表履职学习培训制度，明确代表应当学习贯彻中国共产党的理论和路线、方针、政策，熟悉宪法和人民代表大会制度，掌握履职所需的法律知识和其他专业知识；乡镇人大代表应当参加上级人大常委会和乡镇人大主席团组织的代表履职学习培训。四是根据实践做法，增加规定：身体残疾或者其他行动不便的代表执行代表职务时，有关部门应当根据需要给予必要的帮助和照顾。五是加强代表履职宣传工作，增加规定：县级以上的各级人大常委会应当通过多种方式宣传代表依法履职、发挥作用的典型事迹，展现代表践行全过程人民民主的生动实践。

（七）完善代表议案和建议办理机制

根据实践做法，与有关法律规定相衔接，保障代表依法提出议案和建议，提高议案和建议办理工作质量，更好发挥代表作用。一是完善代表议案办理机制，增加规定：县级以上的各级人大专门委员会审议大会主席团交付的代表议案，应当与代表联系沟通，充分听取意见，并及时通报情况。二是完善代表建议的交办和报告制度，明确代表对各方面工作提出的建议、批评和意见，由本级人大常委会办事机构、工作机构或者乡镇人大主席团交有关机关、组织研究办理；代表建议、批评和意见的办理情况，由常委会办事机构、工作机构或者有关机关、组织向本级人大常委会报告，并印发下一次人民代表大会会议，或者由乡镇人大主席团向乡镇人民代表大会报告。三是明确代表建议督办机制，增加规定：县级以上的各级人大有关专门委员会和常委会办事机构、工作机构，乡镇人大主席团应当加强对代表建议、批评和意见的督促办理；委员长会议或者主任会议可以围绕经济社会发展和关系人民群众切身利益、社会普遍关注的重大问题、重大事项，确定重点督促办理的代表建议、批评和意见。

（八）完善代表履职管理监督有关规定

贯彻落实党中央决策部署，强化代表履职的管理监督。一是明确代表的政治责任，增加规定：代表应当坚定政治立场，履行政治责任，加强思想作风建设，自觉接受监督，自觉维护代表形象。二是与地方组织法有关规定相衔接，完善代表履职情况报告制度，在选民直接选举的代表应当以多种方式向原选区选民报告履职情况的现行规定基础上，增加规定间接选举的代表应当向原选举单位报告履职情况；明确县级以上的地方各级人大常委会和乡镇人大主席团应当记录代表履职情况、定期组织代表报告履职情况，并公示代表基本信息和履职信息。三是进一步明确代表不得利用执行代表职务干预具体执法案件或者变相从事商业活动牟取个人利益。四是根据实际做法，在代表资格终止的情形中增加规定"责令辞职"。

（九）适应监察体制改革需要补充相关内容

根据 2018 年宪法修正案，与全国人大组织法、地方组织法、监察法等有关法律相衔接，对监察委员会的有关内容作了补充完善。一是在人大代表参加选举和罢免国家机构领导人员的规定中增加"监察委员会主任"有关表述。二是在代表依法提出质询案的对象范围中增加"监察委员会"有关表述。三是明确监察委员会应当及时向本级人大代表通报工作情况，提供信息资料，保障代表的知情权。

此外，还作了一些文字表述和法律衔接方面的修改完善，并对个别条文顺序作了调整。

《中华人民共和国全国人民代表大会和地方各级人民代表大会代表法（修正草案）》和以上说明，请审议。

第十四届全国人民代表大会宪法和法律委员会关于《中华人民共和国全国人民代表大会和地方各级人民代表大会代表法(修正草案)》审议结果的报告

(2025年3月8日第十四届全国人民代表大会
第三次会议主席团第二次会议通过)

十四届全国人大三次会议主席团：

3月7日，各代表团全体会议、小组会议审议了代表法修正草案。代表们普遍认为，代表法是规范和保障人大代表依法履职的基本法律。修改代表法，是充分发挥代表作用、加强和改进代表工作的重要举措。修正草案深入贯彻习近平总书记关于坚持和完善人民代表大会制度的重要思想，贯彻落实党中央决策部署，总结吸收新时代人大代表工作的实践经验，突出对代表履职的政治要求，密切国家机关同人大代表、人大代表同人民群众的联系，健全代表履职的制度机制，对于坚持好、完善好、运行好人民代表大会制度，更好把制度优势转化为治理效能，为全面建成社会主义现代化强国提供制度保障，具有重要意义。修改代表法，坚持党中央对国家立法工作的集中统一领导，坚持科学立法、民主立法、依法立法，全国人大常委会两次进行审议，两次向社会公开征求意见，组织全国人大代表研读讨论，采取多种方式征求各方面意见特别是人大代表的意见，广泛凝聚共识。修正草案较好地吸收了各方面的意见，已经比较成熟，建议提请本次会议审议通过。同时，代表们也对修正草案提出了一些修改意见。宪法和法律委员会于3月7日晚召开会议，对修正草案进行统一审议，对代表提出的修改意见逐条研究。代表工作委员会负责同志列席了会议。根据各代表团的审议意见和有关方面的意见，对修正草案共作了16处修改。主要修改是：

一、修正草案第五条规定了代表应当履行的义务。有的代表提出，人大代表是党和国家联系人民群众的桥梁，代表出席人民代表大会会议，反映人民群众的意见和要求，会后也有宣传贯彻大会会议精神的义务。宪法和法律委员会经研究，建议在有关代表义务的规定中增加"带头宣传贯彻本级人民代表大会会议精神"的内容。

二、修正草案第八条中规定，代表参加大会全体会议、代表团全体会议、小组会议，审议列入会议议程的各项议案、报告和其他议题。有的代表提出，代表在大会期间参加会议、审议议案和报告，都是根据大会主席团和各代表团的组织安排进行的，建议对此予以明确。宪法和法律委员会经研究，建议在这一条中增加规定：代表"根据大会主席团、代表团的组织和安排"参加大会全体会议、代表团全体会议、小组会议。

三、修正草案第二十条中规定，县级以上的各级人大常委会制定年度代表工作计划。有的代表提出，应当进一步明确代表工作计划的目的和作用，体现代表履职活动的特点，建议增加"依法统筹组织和安排代表履职活动，增强代表履职活动的计划性、组织性和规范性"的内容。宪法和法律委员会经研究，建议采纳这一意见。

四、修正草案第二十六条中规定，乡镇人大主席团向乡镇人民代表大会报告代表建议的办理情况。有的代表提出，实践中，乡镇人民政府也向乡镇人民代表大会报告代表建议的办理情况，建议在报告主体中增加"有关机关、组织"。宪法和法律委员会经研究，建议采纳这一意见。

需要说明的是，有些代表还对进一步强化代表履职保障和监督、处理好代表法与相关法律的衔接、做好代表法的宣传解读工作等提出了一些好的意见建议。宪法和法律委员会经研究认为，有的在有关法律和中央文件中已有规定，有的可以通过地方性法规、工作要点和工作计划提出具体要求，有的可以通过加强和改进相关工作予以解决。考虑到这次修改是部分修改，对代表提出的意见建议，可继续加强研究，或者在具体工作中予以考虑和探索。

此外，根据代表们的审议意见，还对修正草案作了一些文字修改。

宪法和法律委员会已按上述意见提出了全国人民代表大会关于修改《中华人民共和国全国人民代表大会和地方各级人民代表大会代表法》的决定（草案），建议经主席团会议审议通过后，印发各代表团审议。

修改决定草案和以上报告，请审议。

第十四届全国人民代表大会宪法和法律委员会
2025 年 3 月 8 日

第十四届全国人民代表大会宪法和法律委员会关于《全国人民代表大会关于修改〈中华人民共和国全国人民代表大会和地方各级人民代表大会代表法〉的决定（草案）》修改意见的报告

（2025 年 3 月 10 日第十四届全国人民代表大会第三次会议主席团第三次会议通过）

十四届全国人大三次会议主席团：

3 月 9 日上午，各代表团全体会议、小组会议对全国人民代表大会关于修改代表法的决定草案进行了审议。代表们普遍认为，修改决定草案在认真研究吸收代表提出意见的基础上，作了相应的修改完善，赞成将修改决定草案提请本次大会表决通过。同时，有些代表还提出了一些修改意见。宪法和法律委员会于3月9日下午召开会议，对修改决定草案进行统一审议，对代表提出的修改意见逐条研究。代表工作委员会负责同志列席了会议。宪法和法律委员会认为，修改决定草案是可行的，同时，根据各代表团的审议意见，提出以下修改意见：

一、修改决定草案第十二条中规定，县级以上的地方各级人大常委会和乡镇人大主席团按照就地就近的原则，定期组织代表开展联系人民群众的活动。有的代表提出，实践中，地方人大常委会和乡镇人大主席团组织和协助本行政区域内的各级人大代表开展联系人民群众的活动，建议予以明确。宪法和法律委员会经研究，建议将"定期组织代表开展联系人民群众的活动"修改为"定期组织和协助本行政区域内的代表开展联系人民群众的活动"。

二、修改决定草案第十六条中规定，县级以上的各级人大代表根据安排参加本级人大常委会组织的执法检查和其他活动。有的代表提出，专题询问是实践中代表参与监督工作的重要方式，建议增加有关内容。宪法和法律委员会经研究，建议在"执法检查"后增加"专题询问"。

三、修改决定草案第二十三条中规定，县级以上的各级人大常委会和各级人民政府、监察委员会、人民法院、人民检察院，应当及时向本级人大代表通报工作情况，提供信息资料，保障代表的知情权。有的代表提出，政府所属部门也应当保障代表的知情权，建议予以明确。宪法和法律委员会经研究，建议将"各级人民政府"修改为"各级人民政府及其所属各部门"。

四、修改决定草案第二十九条中规定，县级以上的各级人大常委会应当通过多种方式宣传代表依法履职、发挥作用的典型事迹。有的代表建议，增加乡镇人大宣传人大代表履职事迹的内容。宪法和法律委员会经研究，建议在"县级以上的各级人民代表大会常务委员会"后增加"和乡、民族乡、镇的人民代表大会主席团"。

宪法和法律委员会经研究，建议将本决定的施行时间确定为2025年3月12日。

此外，根据代表们的审议意见，还对修改决定草案作了个别文字修改。对未吸收的意见，向有关代表作了解释说明。

修改决定草案表决稿已按上述意见作了修改，建议经主席团会议审议通过后，提请大会全体会议表决。

修改决定草案表决稿和以上报告，请审议。

第十四届全国人民代表大会宪法和法律委员会
2025年3月10日